ORDONNANCE

SUR

L'EXERCICE ET LES ÉVOLUTIONS DE LA CAVALERIE

DU 6 DÉCEMBRE 1829.

CARABINIERS ET CUIRASSIERS.

ÉCOLE DE L'ESCADRON A PIED.

PARIS. — Impr. de COSSE et J. DUMAINE, r. Christine, 2.

ORDONNANCE

SUR

L'EXERCICE ET LES ÉVOLUTIONS DE LA CAVALERIE

DU 6 DÉCEMBRE 1829,

APPROPRIÉE A CHAQUE ARME,

Modifiée d'après les décisions ministérielles qui ont paru jusqu'à ce jour,

Annotée et augmentée d'une

INSTRUCTION PRATIQUE

POUR DONNER LA LEÇON SUR LE TERRAIN;

PAR A. BUÉ,

Capitaine adjudant-major au 3e cuirassiers.

CARABINIERS ET CUIRASSIERS.

ÉCOLE DE L'ESCADRON A PIED.

PARIS,

LIBRAIRIE MILITAIRE.

J. DUMAINE, LIBRAIRE-ÉDITEUR DE L'EMPEREUR,

Rue et Passage Dauphine, 30.

1863

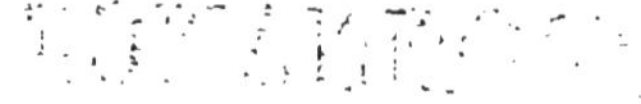

ORDONNANCE

SUR

L'EXERCICE ET LES ÉVOLUTIONS

DE LA CAVALERIE.

CARABINIERS ET CUIRASSIERS.

ÉCOLE DE L'ESCADRON A PIED.

249. L'escadron est toujours exercé au *pas accéléré*, qui, à cette école, doit être le pas habituel, sans qu'il soit commandé ; mais si l'on veut le faire marcher au pas ordinaire, l'indication de ce pas doit précéder le commandement MARCHE.

Les principes pour les ruptures et formations étant les mêmes qu'à cheval, on se conforme pour exercer l'escadron à pied à ce qui est prescrit à l'*Ecole de l'escadron à cheval*, avec les modifications suivantes.

250. L'escadron étant formé sur deux rangs serrés, les officiers, sous-officiers placés comme il est prescrit titre Ier, art. 1er, le capitaine-commandant fait compter par quatre, et mettre le sabre à la main.

On se conforme, pour les alignements, à ce qui est prescrit à l'*Ecole de l'escadron à cheval;* et, pour faire ouvrir et serrer les rangs, à ce qui est prescrit au 1er article de l'école du peloton à pied.

251. L'escadron est exercé aux mouvements du sabre,

détaillés à la 1re partie de la 3e leçon de l'*École du cavalier à pied*, d'abord à rangs ouverts, ensuite à rangs serrés.

256. L'escadron étant en bataille, pour rompre par quatre, le capitaine commandant commande :

1. *Par quatre files à droite.*
2. MARCHE.
3. HALTE.

Au premier commandement, le chef du premier peloton et le guide particulier de droite se placent devant les quatre files de droite.

Au commandement MARCHE, le mouvement s'exécute comme il est prescrit, pour rompre par quatre files à droite à l'*École de peloton à pied*.

Si, au lieu d'arrêter après la conversion, on veut se porter en avant, le capitaine se conforme à ce qui est prescrit à l'*Ecole du peloton à pied*, n° 235. Les officiers et les sous-officiers, hors le chef du premier peloton et le guide particulier de droite, se placent sur les flancs de la colonne.

257. L'escadron étant en colonne par quatre est exercé à partir et à s'arrêter avec ensemble, à passer du *pas accéléré* au *pas ordinaire* et du *pas ordinaire* au *pas accéléré*.

258. L'escadron étant en colonne par quatre, la droite en tête, de pied ferme ou en marche, pour le former en bataille sur son flanc gauche, le capitaine-commandant commande :

1. *Par quatre files à gauche.*
2. MARCHE.
3. HALTE.
4. *A droite*=ALIGNEMENT.
5. FIXE.

Ce qui s'exécute comme il est prescrit à l'*École du peloton à pied*.

259. L'escadron étant en colonne par quatre, la gauche en tête, pour le former en bataille sur son flanc droit, le mouvement s'exécute, suivant les mêmes principes et par les moyens inverses, aux commandements : 1. *Par quatre files à droite*; 2. MARCHE ; 3. HALTE ; 4. *A gauche*=ALIGNEMENT ; 5. FIXE.

260. Dans les alignements, les guides particuliers touchent de la poitrine les coudes des sous-officiers placés sur la ligne.

Avant de porter l'escadron en avant on fait *reposer le sabre*, à moins d'ordre contraire.

Au commandement HALTE, les cavaliers *portent le sabre* d'eux-mêmes.

Après le commandement FIXE, on fait *reposer le sabre*.

261. L'escadron marchant en colonne par quatre, la droite en tête, pour former les pelotons, le capitaine-commandant commande :

1. *Formez les pelotons.*
2. MARCHE.
3. *Guide à gauche.*

Au premier commandement, les chefs de pelotons commandent à la fois : *Formez le peloton.*

Au commandement MARCHE, répété par ces mêmes officiers, tous les pelotons se forment comme il est prescrit à l'*École du peloton à pied*.

Le capitaine ne commande le guide que lorsque tous les pelotons sont formés.

262. Lorsqu'on forme les pelotons, l'escadron marchant en colonne par quatre, la gauche en tête, le guide est commandé à droite.

L'escadron marchant en colonne avec distance, chaque peloton règle son pas sur celui de son chef, et chaque chef de peloton sur le chef du peloton qui précède.

263. L'escadron étant en colonne avec distance, la droite en tête, de pied ferme ou en marche, pour rompre

les pelotons par quatre, le capitaine commandant commande :

1. *Par quatre files à droite=et dans chaque peloton=tête de colonne à gauche.*
2. MARCHE.
3. *En*=AVANT.
4. *Guide à gauche.*

Au commandement MARCHE, le mouvement s'exécute comme il est prescrit pour rompre par quatre files à droite, chaque chef de peloton commandant à l'instant où les conversions sont presque terminées : *En* = AVANT ; et de suite : 1. *Tournez*=(*à*) GAUCHE ; 2. *En*=AVANT.

Le capitaine ne commande le guide que lorsque la tête de chaque peloton est dans la nouvelle direction.

264. L'escadron étant en colonne avec distance, la gauche en tête, le mouvement s'exécute suivant les mêmes principes et par les moyens inverses.

265. L'escadron étant en colonne par quatre, la droite en tête, de pied ferme ou en marche, pour le mettre en colonne par le flanc, le capitaine commandant commande :

1. *Cavaliers à droite = et dans chaque rang = par file à gauche.*
2. MARCHE.
3. *En*=AVANT.
4. *Guide à gauche.*

Ce qui s'exécute, comme il est prescrit, à l'*École du peloton à pied.*

266. L'escadron étant en colonne par quatre, la gauche en tête, le mouvement s'exécute suivant les mêmes principes et par les moyens inverses.

267. Les mouvements *à droite ou à gauche par quatre*

de l'*École de l'escadron à cheval* sont remplacés par les mouvements *par quatre files à droite* ou *à gauche*, et les *demi-tours par quatre* sont remplacés par le *demi-tour par cavalier*.

268. La contre-marche s'exécute comme il est prescrit à l'*École du peloton à pied* (n° 230) et à l'*École de l'escadron à cheval* (nos 700 et 701).

269. La *marche oblique par troupe* s'exécute suivant les mêmes principes qu'à cheval, excepté que chaque chef de peloton marchant à un pas en avant du centre de son peloton se maintient à 2 pas en arrière du deuxième rang du peloton qui précède, et dans la direction où il se trouve.

270. L'escadron marchant en bataille, pour faire exécuter un passage de défilé sur la tête de chaque peloton, le capitaine commandant commande :

1. *Par quatre files à droite = et dans chaque peloton=tête de colonne à gauche.*
2. MARCHE.
3. *Guide à droite.*

Au commandement MARCHE, répété par les chefs de peloton, le mouvement s'exécute dans chaque peloton, comme il est prescrit, pour rompre les pelotons par quatre, l'escadron étant en colonne avec distance ; les chefs de peloton marchant à hauteur de leur tête de colonne pour la diriger, conservent leurs intervalles par la droite.

Pour reformer l'escadron, chaque peloton étant rompu par *quatre* ou par *deux*, la droite en tête, le capitaine-commandant commande :

1. *Formez les pelotons.*
2. MARCHE.
3. *Guide à droite.*

Au premier commandement, les chefs de peloton commandent : *Formez le peloton.*

Au commandement MARCHE, répété par ces mêmes officiers, chaque peloton se forme comme il est prescrit à l'*Ecole du peloton à pied*.

271. L'escadron est exercé au ralliement et au service des tirailleurs, suivant les principes prescrits à l'*Ecole du peloton à pied*, et ceux de l'*Ecole de l'escadron à cheval.*

INSTRUCTION PRATIQUE

POUR DONNER

LA LEÇON SUR LE TERRAIN.

CARABINIERS ET CUIRASSIERS.

ÉCOLE DE L'ESCADRON A PIED.

INSTRUCTION PRATIQUE

POUR DONNER

LA LEÇON SUR LE TERRAIN.

CARABINIERS ET CUIRASSIERS.

ÉCOLE DE L'ESCADRON A PIED.

Observations pour les Instructeurs.

1. L'escadron est toujours exercé *au pas accéléré* qui, à cette école, doit être le pas habituel, sans qu'il soit commandé; mais si l'on veut le faire marcher *au pas ordinaire*, l'indication de ce pas doit précéder le commandement MARCHE.

2. Les explications sont données *par la droite* seulement. Si le mouvement est correctement exécuté par la droite, on le fait exécuter de suite *par la gauche*, sans le répéter une seconde fois *par la droite* comme il était prescrit de le faire dans les autres écoles.

3. Les commandants de peloton *mettent le sabre à la main* au commandement GARDE A VOUS, et *le remettent dans le fourreau* au commandement REPOS.

4. Avant de porter l'escadron en avant on fait *reposer le sabre*, à moins d'ordre contraire.

Au commandement HALTE les cavaliers *portent le sabre* d'eux-mêmes. Après le commandement FIXE on fait *reposer le sabre*.

ARTICLE Ier.

I. — Alignements.
II. — Ouvrir et serrer les rangs.
III. — Rompre l'escadron par quatre.
IV. — Changement de direction.
V. — Formations en bataille.
VI. — Former l'escadron sur un rang et le reformer sur deux.

---

230. L'escadron étant formé sur deux rangs serrés, les officiers et sous-officiers à la place qui leur est assignée dans l'*ordre en bataille*, le capitaine commandant commande :

1. GARDE A VOUS.
2. SABRE = (*à la*) MAIN.

EXPLICATION. 592. A la dernière partie du commandement : *Dans chaque peloton*, *et dans chaque rang* = COMPTEZ-VOUS (*par*) QUATRE, qui est COMPTEZ-VOUS (*par*) QUATRE, les cavaliers se comptent dans les quatre pelotons à la fois, en commençant par la droite de chaque rang.

EXÉCUTION. 1. *Dans chaque peloton* = *et dans chaque rang* = COMPTEZ-VOUS (*par*) QUATRE.

I. — Alignements.

EXPLICATION. 593. A l'avertissement : GUIDES PRINCIPAUX PORTEZ-VOUS EN AVANT POUR TRACER LA LIGNE

PARALLÈLEMENT AU FRONT, les deux sous-officiers *guides principaux* de droite et de gauche, se portent sur une ligne parallèle au front de l'escadron, à 30 mètres en avant des *guides particuliers*, se faisont face de la même manière que s'ils étaient placés en points intermédiaires.

EXÉCUTION. GUIDES PRINCIPAUX PORTEZ-VOUS EN AVANT POUR TRACER LA LIGNE PARALLÈLEMENT AU FRONT.

EXPLICATION. 593. A l'avertissement qui lui en est fait le chef du premier peloton commande :

1. *Peloton en avant.*
2. *Guide à droite.*
3. MARCHE.

Au commandement MARCHE, le peloton se porte en avant. A 1 mètre du point qui marque la droite du nouvel alignement, le chef du peloton commande :

1. HALTE.
2. *A droite*=ALIGNEMENT.

Au commandement HALTE, le chef du peloton et le guide particulier de droite continuent de marcher et s'établissent immédiatement, celui-ci touchant de la poitrine le coude du guide principal de droite.

EXÉCUTION. CHEF DU PREMIER PELOTON, PORTEZ VOTRE PELOTON EN AVANT.

Le capitaine commandant et le capitaine en second rectifient l'alignement ; le premier commande FIXE.

INDICATION. *Alignement successif des pelotons dans l'escadron.*

EXPLICATION. 593. Au commandement : *Par peloton = à droite* = ALIGNEMENT, le chef du deuxième peloton commande :

1. *Peloton en avant.*

2. *Guide à droite.*
3. MARCHE.

Arrivé à hauteur des serre-files du peloton base d'alignement, il commande :

1. HALTE.
2. *A droite* = ALIGNEMENT.

et se porte en même temps sur l'alignement du chef de ce peloton.

Au commandement HALTE, le peloton s'arrête.

Au commandement *à droite* = ALIGNEMENT, tous les cavaliers se portent ensemble sur l'alignement.

Chaque chef de peloton fait successivement exécuter le même mouvement, ne commandant MARCHE que lorsque celui qui le précède a commandé HALTE.

Le guide particulier de gauche, au commandement HALTE du chef du quatrième peloton, vient toucher de la poitrine le coude du guide principal de droite.

Au commandement FIXE, le capitaine en second et les guides principaux reprennent leur place de bataille.

EXÉCUTION. 1. *Par peloton* = *à droite* = ALIGNEMENT ;
2. FIXE.

Donner une direction oblique à la base d'alignement en faisant porter les guides principaux en avant du front par l'avertissement :

1. GUIDES PRINCIPAUX PORTEZ-VOUS EN AVANT POUR TRACER LA LIGNE OBLIQUEMENT AU FRONT.

EXPLICATION. 594. A l'avertissement qui lui en est fait, le chef du premier peloton porte son peloton à 24 mètres en avant, lui fait exécuter un *demi à-droite* aux commandements : 1. DEMI = (*à*) DROITE, 2. *en* = AVANT, et après avoir marché 6 mètres dans cette nouvelle direction, il commande :

1. HALTE.
2. *A droite* = ALIGNEMENT.

EXÉCUTION. CHEF DU PREMIER PELOTON, PORTEZ VOTRE PELOTON EN AVANT.

Le capitaine commandant et le capitaine en second rectifient l'alignement ; le premier commande FIXE.

INDICATION. *Alignement successif des pelotons dans l'escadron.*

EXPLICATION. 594. Au commandement : *par peloton* = *à droite* = ALIGNEMENT. Le mouvement s'exécute successivement, chaque chef de peloton se porte droit devant lui, et commande :

1. DEMI = (*à*) DROITE.
2. *En* = AVANT.

de manière que son peloton n'exécute sa conversion à pivot fixe qu'au moment où la droite arrive à la hauteur de la gauche du peloton qui le précède.

EXÉCUTION. 1. *Par peloton* = *à droite* = ALIGNEMENT.

2. FIXE.

Le capitaine commandant place le chef du premier peloton et le guide particulier de droite à un mètre en avant :

INDICATION. *Alignement de l'escadron.*

EXPLICATION. 596. Au commandement : *A droite*

= ALIGNEMENT. Tous les cavaliers s'alignent promptement à droite, sans se serrer.

EXÉCUTION. 1. *A droite* = ALIGNEMENT.
2. FIXE.

II. — Ouvrir et serrer les rangs.

INDICATION. *Ouvrir les rangs.*

EXPLICATION. 598. Aux commandements : 1. *En arrière ouvrez vos rangs,* 2. MARCHE, le mouvement s'exécute comme il est prescrit à l'*Ecole du peloton à pied,* le deuxième rang recule de douze pas (4 mètres), et les chefs de peloton se portent à six pas (4 mètres) en avant, et font face au centre de leur peloton par un *demi-tour à droite.*

EXÉCUTION. 1. *En arrière, ouvrez vos rangs.*
2. MARCHE.
3. *A droite* = ALIGNEMENT.
4. FIXE.

INDICATION. *Serrer les rangs.*

EXPLICATION. 599. Aux commandements: 1. *Serrez vos rangs.* 2. MARCHE. Le mouvement s'exécute comme il est prescrit à l'*Ecole du peloton à pied* ; les chefs de peloton se portent en avant, font face en tête par un *demi-tour à droite,* et se placent au centre de leur troupe.

EXÉCUTION. 1. *Serrez vos rangs.*
2. MARCHE.
3. *A droite* = ALIGNEMENT.
4. FIXE.

254. Faire exécuter à l'escadron, d'abord *à rangs ouverts*, ensuite *à rangs serrés*, les mouvements du sabre détaillés à la 1re partie de la 3e leçon de l'*Ecole du cavalier à pied.*

III. — Rompre l'escadron par quatre.

INDICATION. *Rompre l'escadron par quatre.*

EXPLICATION. 256. Au commandement : 1. *par quatre files à droite*, le chef du premier peloton et le guide particulier de droite se placent devant les quatre files de droite.

EXÉCUTION. 1. *Par quatre files à droite.*

EXPLICATION. Au commandement, 2. MARCHE, le mouvement s'exécute comme il est prescrit pour *rompre par quatre files à droite à l'Ecole du peloton à pied.*

Les officiers et les sous-officiers, hors le chef du premier peloton et le guide particulier de droite se placent sur les flancs de la colonne.

EXÉCUTION. 2. MARCHE.
3. HALTE.

IV. — Changement de direction.

INDICATION. *Changement de direction.*

EXPLICATION. 605. La colonne étant en marche, au commandement *tête de colonne à gauche*, le chef du premier peloton se conforme à ce qui est prescrit pour le sous-instructeur et le mouvement s'exécute comme il est prescrit à l'*Ecole du peloton à pied.*

Porter la colonne en avant par les commandements :

1. *Colonne en avant.*
2. MARCHE.
3. *Guide à gauche.*

EXÉCUTION. *Tête de colonne à gauche.*

257. Faire exécuter la *marche oblique individuelle* sans explication, exercer la colonne à s'arrêter et à repartir avec ensemble ; à passer du *pas accéléré* au *pas ordinaire* et du *pas ordinaire* au *pas accéléré*.

V. — Formations en bataille.

Arrêter la colonne.

EXPLICATION. Aux commandements : 1. *Par quatre files à gauche*, 2. MARCHE, 3. HALTE, 4. *à droite*=ALIGNEMENT, 5. FIXE. Le mouvement s'exécute comme il est prescrit pour se former en bataille sur son flanc gauche à l'*Ecole du peloton à pied*.

EXÉCUTION. 1. *Par quatre files à gauche.*
2. MARCHE.
3. HALTE.
4. *A droite*=ALIGNEMENT.
5. FIXE.

Rompre par quatre files à droite et *se porter en avant* après la conversion. Se reformer en bataille sur son flanc gauche, la colonne *étant en marche*.

Rompre par quatre files de droite et arrêter.

INDICATION. *L'escadron marchant en colonne par quatre, le former en avant en bataille.*

EXPLICATION. 607. Aux commandements : 1. *En*

avant en bataille, 2. MARCHE, les quatre premières files continuent de marcher droit devant elles ; lorsqu'elles ont marché 30 mètres, le chef du premier peloton commande HALTE.

Au commandement HALTE, les quatre premières files arrêtent bien carrément, le guide particulier de droite se remet à la droite de l'escadron. Toutes les autres files viennent successivement, et sans commandement des chefs de peloton se former à la gauche et sur l'alignement des premières, comme il est prescrit à l'*Ecole du peloton à pied*, en arrivant par un oblique individuel dans la direction de la place qu'elles doivent occuper de manière à pouvoir se redresser avant de se porter sur la ligne.

Le capitaine en second se porte à l'aile droite, après le commandement MARCHE, pour rectifier l'alignement du deuxième rang et des serre-files.

A mesure que les chefs de peloton arrivent sur la ligne, ils se placent au centre de leur peloton et s'alignent.

Le guide particulier de gauche se met à la gauche de l'escadron, quand les quatre dernières files arrivent sur la ligne.

Porter la colonne en avant.

EXÉCUTION. 1. *En avant, en bataille.*
2. MARCHE.
3. *A droite* = ALIGNEMENT (1).

(1) Le capitaine commandant fait le commandement *à droite* ALIGNEMENT lorsque le chef du premier peloton a commandé HALTE. Il fait le commandement FIXE lorsque les quatre dernières files sont alignées.

4. Fixe.

Rompre par quatre files à droite et arrêter.

Indication. *L'escadron marchant en colonne par quatre, le former sur la droite en bataille.*

Explication. 609. Aux commandements : 1. *Sur la droite en bataille*, 2. Marche, les quatre premières files tournent à droite, et se portent droit devant elles ; lorsqu'elles ont marché 30 mètres, le chef du premier peloton commande halte.

Au commandement halte, les quatre premières files arrêtent bien carrément, et le guide particulier de droite se remet à la droite de l'escadron.

Toutes les autres files continuent de marcher droit devant elles et viennent successivement, et sans commandement des chefs de peloton, se former à la gauche et sur l'alignement des premières, comme il est prescrit à l'*Ecole du peloton à pied*, observant de se maintenir carrément et dans la même direction avant de tourner à droite, afin de ne pas se rapprocher de la ligne de bataille.

Le capitaine en second, les chefs de peloton et le guide particulier de gauche se conforment exactement à ce qui est prescrit pour l'*En avant en bataille*.

Porter la colonne en avant.

Exécution. 1. *Sur la droite en bataille.*
2. Marche.
3. *A droite* = alignement.
4. Fixe.

VI. — Former l'escadron sur un rang et le reformer sur deux.

INDICATION. *Former l'escadron à gauche sur un rang.*

EXPLICATION. Aux commandements : 1. *A gauche sur un rang*, 2. MARCHE, 3. HALTE, 4. FRONT, 5. *A droite* = ALIGNEMENT, 6. FIXE, le mouvement s'exécute comme il est prescrit à l'*Ecole du peloton à pied.*

Pour *les revues d'inspection* seulement, les officiers passent à la droite de l'escadron, et après eux les sous-officiers, brigadiers, cavaliers et trompettes, à leur rang de contrôle.

En instruction, les chefs de peloton restent au centre de leur peloton, les sous-officiers et brigadiers restent à leur place et les serre-files suivent le deuxième rang.

EXÉCUTION. 1. *A gauche sur un rang.*
2. MARCHE.
3. HALTE (1).
4. FRONT.
5. *A droite* = ALIGNEMENT.
6. FIXE.

---

(1) Le capitaine commandant ne fait le commandement HALTE, que lorsque le cavalier de droite du deuxième rang de l'escadron arrive à hauteur du cavalier de gauche du premier rang. Il fait marquer le pas par une simple indication quand le cavalier de gauche du deuxième rang est à la distance nécessaire.

INDICATION. *Former l'escadron à droite sur deux rangs.*

EXPLICATION. Le mouvement s'exécute comme il est prescrit à l'*Ecole du peloton à pied.*

EXÉCUTION. 1. *A droite sur deux rangs.*
2. MARCHE.
3. *A droite* = ALIGNEMENT.
4. FIXE.

ARTICLE II.

I.—Former l'escadron en colonne avec distance.

L'escadron étant en bataille :

INDICATION. *L'escadron étant en bataille, le former en colonne avec distance.*

EXPLICATION. 615. Aux commandements : 1. *Pe-*

lotons à droite, 2. MARCHE, chaque peloton exécute son *à-droite*, suivant les principes des conversions *à pivot fixe*, les ailes marchantes ayant soin de converser ensemble.

Au commandement 3. HALTE, les ailes marchantes et tous les cavaliers arrêtent à la fois.

Pendant la durée du mouvement le *guide particulier de gauche* passe en serre-file derrière la deuxième file de gauche du quatrième peloton.

EXÉCUTION. 1. *Pelotons à droite.*
2. MARCHE.
3. HALTE.

II. — Marche en colonne avec distance.

INDICATION. *Marcher en colonne avec distance.*

EXPLICATION. 616. Dans cet ordre de colonne, les guides doivent conserver entre eux et le guide du peloton qui les précède, une distance égale au front de leur peloton, et régler leur pas sur celui de ce même guide.

L'observation des distances étant l'objet le plus essentiel de la marche en colonne, tout lui est subordonné; *mais s'il arrive que le guide d'un peloton perd sa distance, il ne doit la reprendre que peu à peu, soit en allongeant, soit en raccourcissant insensiblement le pas, afin qu'il n'y ait ni temps d'arrêt, ni à coup dans la marche.*

Les chefs de peloton sont responsables de la conservation de la distance, qui doit être *exactement égale à l'étendue du front de leur peloton. Si le guide d'un peloton, ayant négligé de marcher exactement dans la trace du guide qui le précède, s'est jeté insensiblement hors de la direction, il remédie à cette faute en avançant plus ou moins l'épaule gauche, de manière à regagner peu à peu la direction. Si, au contraire, le guide s'est jeté sensiblement en dedans de la direction, il y remédie par les moyens inverses.*

Le guide de la tête observe avec la plus grande précision la longueur et la cadence du pas.

617. Aux commandements : 1. *Colonne en avant*, 2. MARCHE, *les chefs de peloton et les guides enlèvent, par un pas décidé, la marche de leurs pelotons, afin qu'ils partent vivement et au même instant.*

EXÉCUTION. 1. *Colonne en avant.*
2. MARCHE.
3. *Guide à gauche.*

INDICATION. *Arrêter la colonne.*

EXPLICATION. 643. Aux commandements : 1. *Colonne*, 2. HALTE, tous les pelotons arrêtent à la fois.

Les guides ne doivent plus bouger après le commandement HALTE. Quand même ils n'auraient pas leurs distances et ne se trouveraient pas sur la direction.

EXÉCUTION. 1. *Colonne.*
2. HALTE.

III. — Changement de direction par des conversions successives.

INDICATION. *Changement de direction par des conversions successives.*

EXPLICATION. La colonne étant en marche, au commandement *Tête de colonne à gauche*, le chef du premier peloton commande : 1. *Tournez = (à) gauche*, 2. *En* = AVANT, co qui s'exécute suivant les principes des conversions *à pivot mouvant.*

Chaque chef de peloton fait successivement les mêmes commandements, de manière que son peloton tourne sur le même terrain où le premier a tourné.

Dans ce changement de direction en marchant, le *guide principal de droite,* au commandement *Tête de colonne à gauche,* se porte rapidement en avant, du côté du pivot, et se place de manière à marquer le point où doit commencer la conversion.

Les guides de chaque peloton se dirigent de manière à raser la surface de la poitrine du guide principal de droite, et les pelotons ne commencent leur conversion qu'en arrivant à la hauteur de ce guide. Ce sous-officier reprend sa place quand le dernier peloton a achevé sa conversion.

Porter la colonne en avant.

EXÉCUTION. *Tête de colonne à gauche.*

IV. — Marche oblique individuelle.

La colonne étant arrêtée :

INDICATION. *Marche oblique individuelle.*

EXPLICATION. 619. La colonne étant en marche, aux commandements : 1. *Oblique à gauche,* 2. MARCHE, le mouvement s'exécute à la fois dans chaque peloton comme il est prescrit à l'*École du peloton à pied.*

Les guides des trois derniers pelotons ont l'attention de marcher à la même hauteur, de conserver leurs distances, et de se maintenir dans une direction exactement parallèle à celle du guide du premier peloton, qu'ils ne doivent jamais dépasser.

Porter la colonne en avant.

EXÉCUTION. 1. *Oblique à gauche.*
2. MARCHE.

EXPLICATION. Au commandement *En*=AVANT, le mouvement s'exécute à la fois dans chaque peloton comme il est prescrit à l'*Ecole du peloton à pied.*

EXÉCUTION. *En* = AVANT.

Arrêter la colonne.

V. — A gauche en bataille.

INDICATION. *A gauche en bataille.*

EXPLICATION. 644. Au commandement 1. *A gauche en bataille*, le guide particulier de droite se porte sur le prolongement de la direction des guides de la colonne, à la distance du front d'un peloton, faisant face au côté vers lequel on doit se mettre en bataille.

Au commandement 2. MARCHE, l'escadron se met en bataille, le cavalier de l'aile gauche de chaque peloton *faisant un à-gauche*, et les pelotons conversant à gauche suivant les principes prescrits pour les conversions *de pied ferme.*

Au commandement 3. HALTE, les ailes marchantes arrêtent.

Au commandement 4. *A droite* = ALIGNE-

MENT, elles achèvent leur emboîtement et les pelotons s'alignent.

Pendant la durée de la conversion, le guide particulier de gauche reprend sa place de bataille.

EXÉCUTION. 1. *A gauche en bataille.*
2. MARCHE.
3. HALTE.
4. *A droite* = ALIGNEMENT.
5. FIXE.

VI. — Rompre les pelotons par quatre et les reformer.

L'escadron étant en colonne avec distance, la droite en tête :

INDICATION. *Rompre les pelotons par quatre.*

EXPLICATION. 263. La colonne étant *de pied ferme* ou *en marche*, aux commandements : 1. *Par quatre files à droite = et dans chaque peloton = tête de colonne à gauche*, 2. MARCHE, 3. *En* = AVANT; le mouvement s'exécute dans chaque peloton comme il est prescrit à l'*Ecole du peloton à pied*, chaque chef de peloton répétant immédiatement le commandement *En* = AVANT et commandant de suite après : 1. TOURNEZ = (à) GAUCHE, 2. *En* = AVANT.

EXÉCUTION. 1. *Par quatre files à droite = et dans chaque peloton = tête de colonne à gauche.*
2. MARCHE.
3. *En* = AVANT.

4. *Guide à gauche* (1).

Arrêter la colonne.

INDICATION. *Former les pelotons.*

EXPLICATION. 261. L'escadron marchant en colonne par quatre au commandement 1. *Formez les pelotons* les chefs de peloton commandent à la fois *Formez le peloton.*

Au commandement 2. MARCHE, répété par ces mêmes officiers, tous les pelotons se forment en même temps comme il est prescrit à l'*École du peloton à pied* (2).

Porter la colonne en avant.

EXÉCUTION. 1. *Formez les pelotons.*
2. MARCHE.
3. *Guide à gauche* (3).

L'escadron étant en colonne avec distance, on fait rompre les pelotons par quatre étant en marche. On fait former les pelotons et on arrête la colonne.

VII. — Sur la droite en bataille.

INDICATION. *Sur la droite en bataille.*

EXPLICATION. 654. La colonne étant en marche,

---

(1) Le capitaine commandant ne commande le guide que lorsque la tête de chaque peloton est dans la nouvelle direction.

(2) Il y a lieu d'observer qu'*à pied* les pelotons se forment tous en même temps, et que les commandements sont *simultanés*, tandis qu'*à cheval* le mouvement et les commandements sont *successifs*.

(3) Le capitaine commandant ne commande le guide que lorsque tous les pelotons sont formés.

au commandement 1. *Sur la droite en bataille*, le chef du premier peloton commande Tournez.

Au commandement 2. Marche, il commande (*à*) droite; le peloton tourne à droite et se porte droit devant lui au commandement *En* = avant; lorsqu'il a marché 30 mètres, son chef commande Halte, et de suite *A droite* = alignement.

Les autres pelotons continuent de marcher droit devant eux sans se rapprocher de la ligne de bataille, à mesure que chacun d'eux arrive à hauteur de la quatrième file de gauche du peloton qui doit être placé à sa droite, le chef du peloton commande : 1. Tournez = (*à*) droite, 2. *En* = avant, se dirige vers la place qu'il doit occuper en bataille, et, lorsqu'il est arrivé à hauteur des serre-files, il commande 3. Halte, et de suite 4. *A droite* = alignement.

Exécution. 1. *Sur la droite en bataille.*
2. Marche.
3. *Guide à droite.*
4. Fixe.

Former l'escadron en colonne avec distance; rompre les pelotons par quatre et arrêter.

VIII. — L'escadron étant en colonne par quatre, le mettre en colonne par le flanc.

Indication. *L'escadron étant en colonne par quatre, le mettre en colonne par le flanc.*

Explication. 265. La colonne étant *de pied fer-*

me ou *en marche*, aux commandements : 1. *Cavaliers à droite = et dans chaque rang = par file à gauche*, 2. MARCHE, le mouvement s'exécute à la fois dans chaque peloton comme il est prescrit à l'*Ecole du peloton à pied*.

EXÉCUTION. 1. *Cavaliers à droite = et dans chaque rang = par file à gauche.*
2. MARCHE.
3. *En* = AVANT.
4. *Guide à gauche.*

Mettre l'escadron de front par les commandements :

1. *Cavaliers à gauche.*
2. MARCHE.
3. HALTE.
4. *A droite* = ALIGNEMENT.
5. FIXE.

Former l'escadron en colonne avec distance, rompre les pelotons par quatre, et exécuter, alors, le mouvement *cavaliers à droite = et dans chaque rang = par file à gauche*, la colonne étant en marche.

Remettre l'escadron de front et arrêter.

IX. — Rompre par pelotons à droite et se porter en avant après la conversion.

INDICATION. *Rompre par pelotons à droite et se porter en avant après la conversion.*

EXPLICATION. 664. Aux commandements : 1. *Pelotons à droite,* 2. MARCHE, chaque peloton exécute son *à-droite* suivant les principes des conversions *à pivot fixe*.

Au commandement 3. *En* = AVANT, les pelotons se portent droit devant eux.

EXÉCUTION. 1. *Pelotons à droite.*
2. MARCHE.
3. *En* = AVANT.
4. *Guide à gauche.*

Arrêter la colonne.

X. — En avant en bataille.

INDICATION. *En avant en bataille.*

EXPLICATION. 660. Au commandement 1. *En avant en bataille*, le chef du premier peloton commande : 1. *Peloton en avant*, et ceux des trois autres pelotons commandent : *Peloton demi-à-gauche.*

Au commandement MARCHE, répété par ces mêmes officiers, le premier peloton se porte en avant, son chef répète l'indication du guide et quand il a marché 30 mètres, il commande 1. HALTE, et de suite 2. *A droite* = ALIGNEMENT.

Chacun des autres chefs de peloton, lorsque le demi-à-gauche est exécuté, commande : 1. *En* = AVANT, 2. *Guide à droite*, et marche ensuite droit devant lui. Quand la droite de son peloton arrive dans la direction de la gauche du peloton qui précède, il commande : 1. DEMI = (à) DROITE, 2. *En* = AVANT, et lorsqu'il est arrivé à hauteur des serre-files : 1. HALTE, et de suite 2. *A droite* = ALIGNEMENT.

EXÉCUTION. 1. *En avant en bataille.*
2. MARCHE.
3. *Guide à droite.*
4. FIXE.

Rompre l'escadron en colonne avec distance et arrêter.

INDICATION. *En avant en bataille.*

EXPLICATION. 661. La formation *en avant en bataille* s'exécute de même, la colonne *étant en marche;* dans ce cas, le chef du premier peloton, continuant de marcher, ne commande pas *Peloton en avant*, ni MARCHE, mais répète l'indication du guide.

Porter la colonne en avant.

EXÉCUTION. 1. *En avant en bataille.*
2. MARCHE.
3. *Guide à droite.*
4. FIXE.

Rompre l'escadron en colonne avec distance et arrêter.

XI.—L'escadron étant en colonne avec distance, lui faire gagner du terrain vers l'un de ses flancs et en arrière.

EXPLICATION. Aux commandements : 1. *Par quatre files à droite*, 2. MARCHE, 3. *En*=AVANT, 4. *Guide à gauche*, le mouvement s'exécute dans chaque peloton à la fois comme il est prescrit à l'*École du peloton à pied.*

Dans les mouvements de *par quatre files à droite* ou *à gauche*, les chefs de peloton se portent à hauteur du premier rang de leur peloton du côté du guide.

Le capitaine en second, les serre-files et les guides particuliers de droite et de gauche, conservent leurs places après avoir fait leur *à-droite* ou leur *à-gauche*, chacun pour son compte.

EXÉCUTION. 1. *Par quatre files à droite.*
2. MARCHE.
3. *En*=AVANT.
4. *Guide à gauche.*

EXPLICATION. Aux commandements : 1. *Par quatre files à gauche,* 2. MARCHE, 3. HALTE, le mouvement s'exécute comme il vient d'être prescrit et par les moyens inverses.

EXÉCUTION. 1. *Par quatre files à gauche.*
2. MARCHE.
3. HALTE.

L'escadron étant en colonne avec distance et arrêté :

EXPLICATION. Au commandement 1. CAVALIERS DEMI-TOUR = (*à*) DROITE, chaque cavalier exécute *un demi-tour.*

Aux commandements : 2. *Colonne en avant,* 3. MARCHE, 4. *Guide à droite,* tous les pelotons se portent ensemble droit devant eux.

683. Les chefs de peloton marchent en arrière du centre de leurs pelotons et les serre-files en avant.

EXÉCUTION. 1. CAVALIERS DEMI-TOUR = (*à*) DROITE (1).
2. *Colonne en avant.*
3. MARCHE.
4. *Guide à droite.*

Après avoir gagné du terrain en arrière, pour mettre la colonne face en tête, le capitaine commandant commande :

1. *Colonne.*
2. HALTE.
3. CAVALIERS DEMI-TOUR = (*à*) DROITE.

---

(1) (267.) Les mouvements à droite ou à gauche par quatre, de l'escadron à cheval, sont remplacés par les mouvements par quatre files à droite ou à gauche, et les demi-tours par quatre sont remplacés par le demi-tour par cavalier.

ARTICLE III.

I. — Marche à files d'encadrement.

L'escadron étant en bataille :

EXPLICATION. 692. Aux commandements : 1. *Files d'encadrement en avant*, 2. *Guide à droite*, le guide particulier de droite se porte à hauteur des chefs de peloton ; il est immédiatement remplacé par le serre-file du premier peloton.

Au commandement 3. MARCHE, les chefs de peloton, les files d'encadrement et les sous-officiers guides particuliers se portent en avant bien droit devant eux, les files d'encadrement conservant entre elles l'intervalle nécessaire pour recevoir les cavaliers de leurs pelotons.

Aux commandements : 1. *Files d'encadrement*, 2. HALTE, les chefs de peloton, les files d'encadrement et les sous-officiers guides particuliers arrêtent.

EXÉCUTION. 1. *Files d'encadrement en avant.*
2. *Guide à droite.*
3. MARCHE.

Et lorsque les files d'encadrement ont marché 30 mètres :

1. *Files d'encadrement.*
2. HALTE.

EXPLICATION. 692. Aux commandements : 1. *Escadron en avant*, 2. *Guide à droite*, 3. MARCHE, les files d'encadrement et l'escadron se portent en avant.

688. Le guide particulier qui marche à hauteur des officiers doit observer strictement la longueur et la cadence du pas.

Ce guide à mesure qu'il avance, doit prendre de nouveaux points intermédiaires pour pouvoir se diriger sur le point donné sans dévier.

Le serre-file qui a remplacé le guide particulier à l'aile de l'escadron, marche de manière que celui-ci, qui lui sert de point intermédiaire, lui cache le point de direction. Il doit se maintenir exactement derrière ce guide, et le redresser s'il s'écartait du point donné; car il est plus spécialement chargé de la direction de la marche.

EXÉCUTION. 1. *Escadron en avant.*
2. *Guide à droite.*
3. MARCHE.

L'escadron étant en marche :

EXPLICATION. 693. Aux commandements : 1. *Escadron*, 2. HALTE, l'escadron et les files d'encadrement arrêtent.

EXÉCUTION. 1. *Escadron.*
2. HALTE.

EXPLICATION. 694. Aux commandements : 1. *Escadron en avant*, 2. MARCHE, les files d'encadrement ne bougeront pas.

Aux commandements : 1. *Escadron*, 2. HALTE, les cavaliers s'arrêtent.

Au commandement 3. *A droite* = ALIGNEMENT, le guide particulier et le serre-file qui l'a remplacé au premier rang de l'escadron reprennent leur place de bataille; les cavaliers rentrent à la fois dans leurs intervalles sans précipitation et s'alignent.

EXÉCUTION. 1. *Escadron en avant.*
2. MARCHE.

Et à un pas des files d'encadrement :

1. *Escadron.*
2. HALTE.
3. *A droite* = ALIGNEMENT.
4. FIXE.

II. — Contre-marche.

INDICATION. *Contre-marche.*

EXPLICATION. 700. Au commandement 1. *Contre-marche par l'aile droite*, les chefs de peloton font un *à-droite*, celui du premier peloton se portant à hauteur de la première file, les serre-files font un *à-gauche* et passent à la gauche de l'escadron, ceux de la deuxième division à hauteur du premier rang, le capitaine en second à leur gauche; ceux de la première division à hauteur du deuxième rang.

260. Le guide particulier de droite de l'escadron va se placer promptement à 3 pas (2 mètres) en arrière du guide particulier de gauche et en dehors de sa direction, lui tournant le dos.

EXÉCUTION. 1. *Contre-marche par l'aile droite.*

EXPLICATION. Aux commandements : 2. *Cavaliers à droite*, 3. (*à*) DROITE, les cavaliers font un *à-droite*, la première file déboîtant et faisant *un demi-à-droite.*

EXÉCUTION. 2. *Cavaliers à droite.*
3. (*à*) DROITE.

EXPLICATION. Aux commandements : 4. *Par file à droite*, 5. MARCHE, les cavaliers partent ensemble ; la première file tourne de suite à droite et, dirigée par le chef du premier peloton, passe en arrière du deuxième rang. Tous les autres cavaliers tournent successivement sur le même terrain où les premiers ont tourné.

Le chef du premier peloton marquera le pas avec la tête de la colonne en arrivant à hauteur du guide placé sur la nouvelle ligne, les cavaliers ayant soin de ne pas se serrer.

EXÉCUTION. 4. *Par file à droite.*
5. MARCHE.
6. HALTE.
7. FRONT.
8. *A droite* = ALIGNEMENT.

EXPLICATION. Au commandement FIXE, les chefs de peloton se remettent face en tête au centre de leur peloton, et les guides reprennent leurs places.

EXÉCUTION. 9. FIXE.

III. — Marche de l'escadron en bataille.

INDICATION. *Marche de l'escadron en bataille.*

EXPLICATION. 697. Aux commandements : 1. *Escadron en avant*, 2. *Guide à droite*, le guide particulier et le serre-files du premier peloton se conforment à ce qui est prescrit pour *la marche à files d'encadrement.*

Au commandement 3. MARCHE, l'escadron se met en mouvement.

687. Les officiers doivent rester constamment alignés sur le guide particulier placé à leur hauteur, se maintenir à un pas du centre de leur peloton, et marcher bien droit devant eux, car c'est de leur alignement que dépend en partie celui de l'escadron.

Le capitaine en second donne le point de direction.

EXÉCUTION. 1. *Escadron en avant.*
2. *Guide à droite.*
3. MARCHE.

EXPLICATION. 698. Aux commandements : 1. *Escadron*, 2. HALTE, l'escadron arrête.

Au commandement : 3. *A droite* = ALIGNEMENT, l'escadron s'aligne.

EXÉCUTION. 1. *Escadron.*
2. HALTE.
3. *A droite* = ALIGNEMENT.

IV. — Des conversions.

1. CONVERSIONS A PIVOT FIXE.

INDICATION. *Conversions à pivot fixe.*

EXPLICATION. 705. Aux commandements : 1. *Escadron en cercle à droite*, 2. MARCHE, le mouvement s'exécute suivant les principes prescrits à l'*École du peloton à pied.*

EXÉCUTION. 1. *Escadron en cercle à droite.*
2. MARCHE.

EXPLICATION. 706. Aux commandements : *Escadron*, 2. HALTE, 3. *A gauche* = ALIGNEMENT, le mouvement s'exécute comme à l'*École du peloton à pied.*

EXÉCUTION. 1. *Escadron.*
2. HALTE.
3. *A gauche* = ALIGNEMENT.
4. FIXE.

L'escadron conversant en cercle à droite :

EXPLICATION. 707. Aux commandements : *En* = AVANT, 2. *Guide à gauche*, tout l'escadron se porte en avant au pas auquel il marchait avant la conversion.

EXÉCUTION. 1. *En* = AVANT.
2. *Guide à gauche.*

L'escadron étant en bataille et arrêté :

EXPLICATION. 710. L'escadron conversant en cercle à droite aux commandements : 1. *Escadron en cercle à gauche*, 2. MARCHE, le mouvement s'exécute comme il est prescrit à l'*Ecole du peloton à pied*.

Mettre l'escadron en cercle à droite.

EXÉCUTION. 1. *Escadron en cercle à gauche.*
2. MARCHE.

L'escadron étant en bataille et arrêté :

EXPLICATION. 712. L'escadron étant *de pied ferme ou en marche*, aux commandements : 1. *Escadron à droite ou à gauche, demi-tour à droite* ou *à gauche, demi-à-droite* ou *à-gauche*, 2. MARCHE, 3. *Escadron*, 4. HALTE, 5. *A gauche (ou à droite)* =ALIGNEMENT, 6. FIXE, le mouvement s'exécute comme il est prescrit à l'*École du peloton à pied*.

EXÉCUTION. 1. *Escadron à droite.*
2. MARCHE.
3. *Escadron.*
4. HALTE.
5. *A gauche* = ALIGNEMENT.
6. FIXE.

Exécuter successivement, de la même manière, les *demi-tours à droite* et les *demi-à-droite de pied ferme ;* répéter ensuite tous ces mouvements, l'escadron *étant en marche*.

2. Conversions a pivot mouvant.

L'escadron étant en bataille et arrêté :

Indication. *Conversions à pivot mouvant.*

Explication. 716. L'escadron marchant en bataille aux commandements : 1. Tournez = *à* droite, 2. *En* = avant, le mouvement s'exécute comme il est prescrit à l'*Ecole du peloton à pied*, le pivot décrivant un arc de cercle de vingt pas.

Exécution. 1. Tournez = (*à*) droite.
2. *En* = avant.

Arrêter l'escadron.

V. — Marche oblique individuelle.

Indication. *Marche oblique individuelle.*

Explication. 717. L'escadron marchant en bataille le mouvement s'exécute comme il est prescrit à l'*Ecole du peloton à pied*.

719. Pendant toute la durée de la marche oblique, les chefs de peloton se maintiennent à la même hauteur, conservent entre eux le même intervalle, et suivent des directions parallèles afin de conserver l'alignement général.

Le guide particulier qui marche à hauteur des chefs de peloton, après avoir fait son *quart d'à-droite*, se porte droit devant lui.

Porter l'escadron en avant.

Exécution. 1. *Oblique à droite*
2 Marche.

Pour faire reprendre la direction primitive :

3. *En* = AVANT.

Arrêter l'escadron.

VI. — Marche oblique par troupe.

INDICATION. *Marche oblique par troupe.*

EXPLICATION. 720. Aux commandements : 1. *Pelotons demi-à-droite*, 2 MARCHE, chaque peloton fait son *demi-à-droite* à pivot fixe.

Au commandement 3. *En* = AVANT, chaque peloton se porte en avant se conformant aux principes de la marche directe.

721. Pendant la durée de cette marche, le guide de droite du premier peloton a la plus grande attention de marcher sur le point fixe qui lui a été indiqué. Les guides des autres pelotons observent leurs distances, prennent pour chef de file le quatrième cavalier de l'aile opposée au guide du peloton qui les précède, et marchent exactement derrière lui.

269. Chaque chef de peloton marchant à un pas en avant du centre de son peloton, se maintient à deux pas en arrière du deuxième rang du peloton qui précède, et dans la direction où il se trouve.

Les guides particuliers et les serre-files restent à leur place de bataille.

EXÉCUTION. 1. *Pelotons demi-à-droite.*
2. MARCHE.
3. *En* = AVANT.
4. *Guide à droite.*

L'escadron marchant dans cette direction oblique :

EXPLICATION. Aux commandements : 1. *Pelotons demi-à-gauche*, 2. MARCHE, 3. *En* = AVANT,

4. *Guide à droite*; le mouvement s'exécute comme il vient d'être prescrit pour le *demi-à-droite*, et par les moyens inverses, les pivots arrêtant bien tous à la fois au commandement MARCHE, afin que toutes les conversions se fassent en même temps.

EXÉCUTION. 1. *Pelotons demi-à-gauche.*
2. MARCHE.
3. *En* = AVANT.
4. *Guide à droite.*

Répéter *la marche oblique par troupe, l'escadron étant en marche.*

Arrêter l'escadron.

VII. — L'escadron étant en bataille, lui faire gagner du terrain vers l'un de ses flancs et en arrière.

EXPLICATION. L'escadron étant en bataille, pour lui faire gagner du terrain vers l'un de ses flancs, on se conforme à ce qui est prescrit, *l'escadron étant en colonne avec distance.*

Le guide particulier de droite marche en tête de la colonne en avant du premier rang de quatre. Le guide particulier de gauche derrière le dernier rang de quatre du quatrième peloton.

Les chefs de peloton marchent sur le flanc du côté du guide à un pas et à hauteur du premier rang de quatre de leur peloton.

EXÉCUTION. 1. *Par quatre files à droite.*
2. MARCHE.

3. *En* = AVANT.
4. *Guide à gauche.*
5. *Par quatre files à gauche.*
6. MARCHE.
7. HALTE.
8. *A gauche* = ALIGNEMENT.
9. FIXE.

EXPLICATION. L'escadron étant en bataille pour lui faire gagner du terrain en arrière le mouvement s'exécute comme il est prescrit à l'*école du peloton à pied.*

Les chefs de peloton, les serre-files et les guides particuliers font demi-tour en même temps que la troupe, et marchent, les chefs de peloton derrière le centre de leur peloton. Les serre-files devant, et les guides particuliers à hauteur du deuxième rang devenu premier.

EXÉCUTION. 1. CAVALIERS DEMI-TOUR = (*à*) DROITE.
2. *Escadron en avant.*
3. *Guide à gauche.*
4. MARCHE.

Pour remettre l'escadron face en tête :

1. *Escadron.*
2. HALTE.
3. CAVALIERS DEMI-TOUR = (*à*) DROITE.
4. *A droite* = ALIGNEMENT.
5. FIXE.

VIII. — L'escadron marchant en bataille, le rompre par pelotons à droite et le remettre en ligne.

INDICATION. *L'escadron marchant en bataille le rompre par pelotons à droite et le remettre en ligne.*

EXPLICATION. 729. Le mouvement s'exécute comme il est prescrit pour *rompre l'escadron par pelotons à droite étant de pied ferme*, les pivots arrêtant court, et marquant le pas, et les ailes marchantes se réglant sur celle du peloton qui est en tête afin d'arriver ensemble en colonne.

Porter l'escadron en avant :

EXÉCUTION. 1. *Pelotons à droite.*
2. MARCHE.
3. *En* = AVANT.
4. *Guide à gauche.*

EXPLICATION. 729. Aux commandements. 1. *Pelotons à gauche*, 2. MARCHE. 3. *En* = AVANT, 4. *Guide à droite*, le mouvement s'exécute ainsi qu'il vient d'être prescrit, les ailes marchantes se réglant sur celle du peloton qui est en tête de la colonne, afin d'arriver ensemble en ligne.

EXÉCUTION. 1. *Pelotons à gauche.*
2. MARCHE.
3. *En* = AVANT.
4. *Guide à droite.*

Arrêter l'escadron.

IX. — Passage de defilé sur la tête de chaque peloton et reformer l'escadron.

INDICATION. *Passage de défilé sur la tête de chaque peloton.*

EXPLICATION. 270. L'escadron marchant en bataille aux commandements : 1. *Par quatre files à droite = et dans chaque peloton = Tête de colonne à gauche*; 2. MARCHE. Les chefs de peloton répètent le commandement MARCHE, et le mouvement s'exécute dans chaque peloton comme il est prescrit *pour rompre les pelotons par quatre, l'escadron étant en colonne avec distance.* Les chefs de peloton marchent à hauteur de leur tête de colonne pour la diriger et conservent leurs intervalles par la droite.

Porter l'escadron en avant.

EXÉCUTION. 1. *Par quatre files à droite — et dans chaque peloton = tête de colonne à gauche.*
2. MARCHE.
3. *En* = AVANT.
4. *Guide à droite.*

L'escadron marchant dans cet ordre :

INDICATION. *Former l'escadron.*

EXPLICATION. Aux commandements : 1. *Formez les pelotons*, les chefs de peloton commandent : *Formez le peloton.*

Au commandement : 2. MARCHE, répété par ces mêmes officiers, chaque peloton se forme comme il est prescrit à l'*Ecole du peloton à pied.*

EXÉCUTION. 1. *Formez les pelotons.*
2. MARCHE.
3. *Guide à droite.*

L'escadron étant rompu comme il est prescrit plus haut pour *passer le défilé sur la tête de chaque peloton en colonne par quatre*, le capitaine commandant peut faire passer le défilé sur un front moindre par les commandements :

1. *Cavaliers à droite=et dans chaque rang=par file à gauche.*
2. MARCHE.
3. *En*=AVANT.
4. *Guide à droite.*

Et l'escadron marchant dans cet ordre, il le fait reformer par les commandements :

1. *Formez le peloton.*
2. MARCHE.
3. *Guide à droite.*

ARTICLE IV.

I. — Ralliement.

II. — Tirailleurs.
1. Disperser et rallier les tirailleurs.
2. Relever un peloton qui est en tirailleurs.
3. Tirailleurs couvrant le régiment.

I. — Ralliement.

L'escadron étant en bataille, *faire mettre le sabre à la main* et *reposer le sabre*.

INDICATION. *Ralliement.*

EXPLICATION. 755. A la sonnerie du BOUTE-CHARGE les cavaliers se dispersent en fourrageurs, comme il est prescrit à l'*Ecole du peloton à pied*.

Les files d'encadrement des pelotons, les serre-files et les trompettes resteront sur la ligne pour figurer l'escadron.

EXÉCUTION. 1. *Faire sonner le* BOUTE-CHARGE.

Lorsque l'escadron est dispersé.

2. *Faire sonner le* RALLIEMENT GÉNÉRAL.

L'escadron étant rallié, l'aligner.

INDICATION. *Ralliement.*

EXPLICATION. 756. A la sonnerie du BOUTE-CHARGE

l'escadron se disperse dans toutes les directions en avant de son front.

A la sonnerie du RALLIEMENT GÉNÉRAL, les officiers, les sous-officiers et cavaliers rejoignent rapidement, les officiers ayant l'attention de s'établir promptement sur l'alignement du capitaine commandant et les sous-officiers marquant aussitôt les encadrements des pelotons.

EXÉCUTION. 1. *Faire sonner le* BOUTE-CHARGE.
2. *Faire sonner le* RALLIEMENT GÉNÉRAL.

L'escadron étant au deux tiers rallié, le capitaine commandant le porte en avant aux commandements :

1. *Escadron en avant.*
2. *Guide à droite.*
3. MARCHE.

756. Le capitaine commandant exerce ensuite l'escadron à se rallier sur un point quelconque, en se plaçant de sa personne à droite ou à gauche de la direction suivie par les fourrageurs.

II. — Tirailleurs.

1. DISPERSER ET RALLIER LES TIRAILLEURS.

L'escadron étant en bataille le sabre à la main :

INDICATION. *Tirailleurs.*

EXPLICATION. 757. Le chef des tirailleurs doit observer les mouvements de la troupe qu'il couvre, et s'y conformer dès qu'il le peut sans inconvénient, en faisant exécuter par son trompette les signaux nécessaires.

Lorsque l'escadron change de front ; le chef des tirailleurs les porte de suite sur le nouveau front, à moins d'ordres contraires du capitaine commandant.

Le trompette qui suit le chef des tirailleurs ne doit faire de signaux que sur l'ordre de cet officier.

Les tirailleurs ne doivent faire de mouvements qu'à la sonnerie du trompette qui accompagne l'officier qui les commande.

758. Au commandement 1. *Premier peloton en tirailleurs*, le chef du peloton fait *remettre le sabre*, fait faire *haut le pistolet* et *charger le pistolet*, puis il commande :

1. *Peloton en avant.*
2. *Guide à droite.*

Au commandement 2. MARCHE, répété par le chef du premier peloton, ce peloton se porte en avant ; arrivé à 100 pas en avant du front de l'escadron le chef du peloton commande :

1. *Six files de droite=en tirailleurs.*
2. MARCHE.
3. *Guide à droite.*

Ce qui s'exécute comme il est prescrit à l'*École du peloton à pied.*

Le guide particulier de droite reste avec l'escadron.

EXÉCUTION. 1. *Premier peloton = en tirailleurs.*
2. MARCHE.

EXPLICATION. 759. A la sonnerie du RALLIEMENT DES TIRAILLEURS, le chef des tirailleurs rallie son peloton comme il est prescrit à l'*École du peloton à pied*, et rejoint ensuite l'escadron.

se dirigeant sur l'une de ses ailes pour y reprendre sa place de bataille.

EXÉCUTION. *Faire sonner le* RALLIEMENT DES TIRAILLEURS.

Le premier peloton étant dispersé en tirailleurs, le capitaine commandant fait exécuter, par l'escadron, quelques mouvements qui obligent les tirailleurs à passer par les différentes séries de l'école des tirailleurs du peloton à pied. Le chef de ce peloton doit avoir le plus grand soin de laisser la position de l'escadron se dessiner avant de faire faire une sonnerie, pour éviter les erreurs.

2. RELEVER UN PELOTON QUI EST EN TIRAILLEURS.

Le premier peloton étant en tirailleurs, on le rapproche de l'escadron, de manière que l'explication soit bien entendue.

EXPLICATION. 760. Pour relever un peloton qui est en tirailleurs, le chef du nouveau peloton, après avoir fait charger les armes, se porte sur la troupe de soutien du peloton qui est en tirailleurs. Arrivé à sa hauteur, il met six files en tirailleurs, comme il est prescrit ; les six autres files s'arrêtent et mettent le sabre à la main.

Dès que les nouveaux tirailleurs ont dépassé de cinq pas ceux qu'ils doivent remplacer, ceux-ci font *demi-tour* et viennent se rallier à leur troupe de soutien. Le peloton, ainsi rallié, est ramené *au pas gymnastique* à l'escadron.

EXÉCUTION. 1. *Quatrième peloton* = *en tirailleurs* (1).
2. MARCHE.

---

(1) A moins de circonstances particulières, il est de

3. Tirailleurs couvrant le régiment.

L'escadron étant en bataille, si le capitaine commandant veut déployer tout l'escadron en tirailleurs pour couvrir le front d'un régiment, il fait *remettre le sabre*, *charger les armes*, puis il donne l'explication suivante.

Explication. 761. Aux commandements : 1. *Trois premiers pelotons en tirailleurs*, 2. Marche, le chef du quatrième peloton arrête et fait mettre le sabre à la main.

Les chefs des trois autres pelotons continuent de marcher, chacun se dirigeant par le chemin le plus court à 100 pas en avant vers le point de la ligne qu'il doit occuper, et y étant arrivé, il disperse son peloton en tirailleurs.

Le peloton de droite couvre la droite du régiment en la débordant de 30 à 40 pas ; un autre peloton couvre le centre et le peloton de gauche couvre la gauche, en la débordant également de 30 à 40 pas. Les chefs de ces pelotons restent à 25 pas en arrière de la ligne des tirailleurs, et parcourent l'étendue occupée par les cavaliers de leurs pelotons.

Le peloton de soutien se maintient en arrière du centre de la ligne des tirailleurs.

Aux commandements 1. *Trois premiers pelotons=en tirailleurs*, 2. Marche, c'est par un de-

---

règle d'envoyer de préférence les pelotons des ailes en tirailleurs, c'est pourquoi le commandement indique ici de faire remplacer le 1er peloton par le 4e.

En instruction on peut envoyer chaque peloton à son tour.

mi-à-droite ou un *demi-à-gauche* que les pelotons qui doivent couvrir les ailes gagnent la place qu'ils doivent occuper pour se disperser. Le chef du 2e peloton continue donc de marcher droit devant lui en ralentissant un peu le pas. Le chef du 1er peloton commande 1. DEMI=(*à*) DROITE, 2. *En*=AVANT et le chef du 3e peloton 1. DEMI=(*à*) GAUCHE, 2. *En* =AVANT; ils redressent leurs pelotons par un mouvement analogue en arrivant en ligne, et alors les trois chefs de pelotons commandent à la fois : 1. *En tirailleurs*, 2. MARCHE=*Guide à droite* (1).

A ce commandement tous les cavaliers se dispersent.

EXÉCUTION. 1. *Escadron en avant.*
2. *Guide à droite.*
3. MARCHE.

Après avoir marché environ 100 pas :

1. *Trois premiers pelotons = en tirailleurs.*
2. MARCHE.

Faire rapprocher les tirailleurs de la troupe de soutien pour que l'explication suivante soit entendue par tous les cavaliers :

EXPLICATION. 764. A la sonnerie du RALLIEMENT DES TIRAILLEURS. Chaque peloton se rallie au plus vite sur son chef.

EXÉCUTION. *Faire sonner le* RALLIEMENT DES TIRAILLEURS.

---

(1) Quand ce sont les trois premiers pelotons que l'on disperse, le guide est *à droite*. Quand ce sont les trois derniers pelotons, le guide est *à gauche*.

Les cavaliers étant ralliés en pelotons derrière chaque officier :

EXPLICATION. A la sonnerie du RALLIEMENT GÉNÉRAL le peloton de soutien se porte, *au pas gymnastique*, sur le point où s'est placé le capitaine commandant, et chaque peloton de tirailleurs en fait autant au commandement de son chef.

EXÉCUTION. *Faire sonner le* RALLIEMENT GÉNÉRAL.

L'escadron étant en bataille :

EXPLICATION. 765. L'escadron étant dispersé en tirailleurs, à la sonnerie du RALLIEMENT GÉNÉRAL les officiers, les tirailleurs et le peloton de soutien viennent se rallier sur le point où se trouve le capitaine commandant.

Disperser les trois premiers pelotons en tirailleurs, arrêter les tirailleurs.

EXÉCUTION. *Faire sonner le* RALLIEMENT GÉNÉRAL.

L'escadron étant dispersé en tirailleurs, on fait exécuter les différentes séries des tirailleurs de l'école du peloton à pied en se conformant aux mêmes principes.

La première fois que l'on fait exécuter les feux à blanc, on donne l'explication suivante :

EXPLICATION. 757. Quand plusieurs pelotons sont en tirailleurs, on commence le feu par la droite de chaque peloton.

Mouvements pour les Revues, les Parades à pied et les Cérémonies religieuses.

L'ordonnance du 6 décembre 1829 ne fait mention, dans aucun des articles de l'école à pied, de certains mouvements dont les circonstances peuvent amener forcément l'exécution.

Il est cependant nécessaire que les officiers appelés à commander un détachement de cavalerie dans *une revue* ou *une grande parade à pied*, ne soient pas tout à fait étrangers au mécanisme des mouvements qu'ils doivent exécuter, et n'ignorent pas les commandements qu'ils doivent faire pour coordonner les évolutions de leur détachement avec celles de l'infanterie qui se trouve en ligne avec eux.

Nous pensons donc utile de rappeler, ici, en quelques mots, les prescriptions qui se rattachent aux mouvements le plus généralement employés dans *les revues* et *les parades à pied*, prescriptions que nous ne trouvons pas dans l'ordonnance de cavalerie, mais que nous tirons par analogie, de la *Théorie sur les manœuvres d'infanterie*.

I. — Serrer la colonne en masse.

L'escadron étant de pied ferme, en colonne par peloton, *à distance entière*, on peut faire serrer la colonne en masse de deux manières.

1° *Sur le premier peloton.*
2° *Sur le dernier peloton.*

Pour faire serrer la colonne en masse *sur le premier peloton*, le capitaine-commandant commande :

1. *En masse serrez la colonne.*
2. Marche.

Au commandement MARCHE, le premier peloton ne bouge pas ; son chef fait reposer le sabre, les serre-files serrent à 1 pas du deuxième rang.

Tous les autres pelotons se portent en avant et à mesure que chacun d'eux arrive à la distance de six pas du peloton qui le précède, son chef commande HALTE, et fait reposer le sabre, les serre-files serrent à un pas du deuxième rang.

Pour faire serrer la colonne en masse *sur le dernier peloton*, le capitaine-commandant commande :

1. *Sur le dernier peloton, en masse serrez la colonne.*
2. CAVALIERS DEMI-TOUR=(*à*) DROITE
3. *Colonne en avant.*
4. MARCHE.
5. *Guide à droite.*

Au commandement CAVALIERS DEMI-TOUR = (*à*) DROITE, tous les pelotons à l'exception du dernier peloton de la colonne font *demi-tour par cavalier*.

Au commandement MARCHE, le dernier peloton de la colonne ne bouge pas. Son chef fait reposer le sabre. Les autres pelotons se portent en avant et à mesure que chacun d'eux arrive à la distance de six pas du peloton qui le précède, son chef commande HALTE, et de suite CAVALIERS DEMI-TOUR = (*à*) DROITE pour le remettre face en tête.

Les serre-files serrent à 1 pas du deuxième rang.

Dans ces mouvements, le capitaine-commandant veille à ce que les chefs de pelotons arrêtent bien leur peloton à 6 pas de celui qui précède (1).

(1) Cette distance de six pas est mesurée d'un premier rang à un autre premier rang.

Dans le cas où l'on fait serrer la colonne en masse sur le premier peloton, la colonne *étant en marche* au lieu d'être *de pied ferme*, au commandement MARCHE du capitaine commandant, le chef du premier peloton commande HALTE, et le reste du mouvement s'exécute comme il est prescrit, *de pied ferme*.

II. — ÉTANT EN COLONNE SERRÉE EN MASSE, PRENDRE LES DISTANCES PAR LA TÊTE DE LA COLONNE.

La colonne étant de pied ferme par peloton, *serrée en masse*, lorsque l'on veut lui faire prendre les distances par la tête de la colonne on commande :

1. *Par la tête de la colonne prenez les distances.*

A ce commandement, le chef du premier peloton commande : 1. *Peloton en avant*, 2. *Guide à gauche*, 3. MARCHE, et ce peloton se porte en avant.

Le chef du deuxième peloton, lorsqu'il est près d'avoir sa distance, commande : 1. *Peloton en avant*, 2. *Guide à gauche*, 3. MARCHE.

Au commandement 3. MARCHE, fait à l'instant où ce peloton a juste sa distance, le peloton part vivement en prenant le pas du premier peloton.

Chacun des autres pelotons exécute successivement ce qui vient d'être prescrit pour le deuxième peloton.

III. — PRESCRIPTIONS POUR DÉFILER.

L'escadron étant en colonne avec distance, la droite en tête de pied ferme, pour faire défiler, le capitaine commandant commande :

1. *Pour défiler.*

2. *Colonne en avant.*
3. MARCHE.
4. *Guide à droite* (1).

Le commandement MARCHE doit être fait de manière à enlever toute la colonne au même pas.

Le capitaine commandant, pour le défilé, se place sur le même alignement que le chef du premier peloton, et à un pas de lui du côté du guide.

Le capitaine en second se place à hauteur du chef du troisième peloton, et à un pas de lui du côté du guide.

Les officiers tournent la tête du côté de la personne à laquelle on rend les honneurs en défilant devant elle. Les cavaliers conservent la tête directe.

L'escadron étant de pied ferme en colonne *serrée en masse*, pour lui faire prendre les distances par la tête de la colonne pour défiler, le capitaine-commandant commande :

1. *Pour défiler.*
2. PAR LA TÊTE DE LA COLONNE PRENEZ LES DISTANCES.
3. *Guide à droite.*

Le mouvement s'exécute suivant les principes prescrits pour prendre les distances par la tête de la colonne, en observant seulement que chaque chef de peloton commande successivement le guide *à droite* au lieu de le commander à gauche, ainsi qu'on l'indique dans ce mouvement.

---

(1) Le guide est toujours commandé du côté où se trouve placée la personne à laquelle on doit rendre les honneurs.

IV. — Prescriptions pour les cérémonies religieuses.

Lorsqu'un détachement de cavalerie à pied est désigné pour former la haie dans une cérémonie religieuse, l'officier qui commande ce détachement se conforme aux prescriptions suivantes pour entrer à l'église et en sortir.

Le détachement, les *files ouvertes* et formant la haie, étant entré dans l'église avec le cortége, l'officier l'arrête par les commandements suivants :

1. *Colonne.*
2. Halte.
3. *A droite et à gauche* = front.
4. *A gauche et à droite* = alignement
5. Fixe.

Au commandement 1. *Colonne,* les cavaliers de la droite de chaque rang marquent le pas et tous les autres serrent à leur distance.

Au commandement 2. Halte, tous les cavaliers arrêtent à la fois.

Au commandement 3. *A droite et à gauche* = front, les cavaliers du premier rang font front par un *à-droite,* et ceux du deuxième rang font front par un *à-gauche,* de sorte qu'après le mouvement les deux rangs se font face.

Au commandement 4. *A gauche et à droite* = alignement, les cavaliers du premier rang s'alignent à gauche, et ceux du deuxième s'alignent à droite.

Au commandement fixe, replacer la tête directe.

Le chef du détachement envoie, en entrant dans l'église, deux cavaliers de *première classe* et un brigadier désignés à l'avance, pour occuper le chœur : le brigadier en face de l'autel, à l'entrée du chœur; les cavaliers à gauche et à droite de l'autel, se faisant face. Ces hommes exécutent tous les mouvements de maniement d'arme indiqués par le commandement de l'officier qui commande le détachement. Ils reprennent leur rang à la fin de la cérémonie, au moment où le détachement quitte l'église.

L'officier commandant fait porter le sabre à l'*Introït*, à l'*Epître*, à l'*Evangile*, au *Sanctus*, et à l'*Evangile selon St-Jean; à l'élévation* il fait *présenter le sabre* et *mettre le genou à terre*, les trompettes sonnent *la marche*.

Lorsque l'office est terminé, pour faire sortir sa troupe de l'église, le chef du détachement commande :

1. *Cavaliers à droite et à gauche.*
2. (*à*) GAUCHE (*et à*) DROITE
3. *Colonne en avant.*
4. *Tête de colonne demi-tour à droite et à gauche.*
5. MARCHE.
6. *Guide à gauche.*

Aux commandements : 1. *Cavaliers à gauche et à droite*, 2. (*à*) GAUCHE (*et à*) DROITE, les cavaliers du premier rang font un *à-gauche* et ceux du deuxième rang font un *à-droite.*

Aux commandements : 3. *Colonne en avant*, 4. *Tête de colonne demi-tour à droite et à gauche*, les premières files de chaque rang déboitent : celles du premier rang à droite, celles du deuxième rang à gauche, de manière à laisser les files du premier rang à leur gauche.

Au commandement 5. MARCHE, tous les cavaliers se portent ensemble en avant; le premier cavalier du premier rang exécute une *tête de colonne demi-tour à droite*, celui du deuxième rang une *tête de colonne demi-tour à gauche*, et se portent en avant. Les deux rangs se retirent en se laissant mutuellement à gauche, les cavaliers de chaque rang passant successivement sur le même point que le premier cavalier de leur rang.

Au commandement *Guide à gauche,* le cavalier qui conduit le deuxième rang se règle sur le premier cavalier du premier rang, de manière à être toujours à sa hauteur.

Le mouvement terminé, les deux rangs se rapprochent et le détachement se retire à *files serrées* ou bien il reste à *files ouvertes*, pour continuer l'escorte du cortège, s'il y a lieu.

A LA MÊME LIBRAIRIE :

Guide de l'instructeur pour la méthode d'application de l'Ecole du cavalier et du peloton à pied et à cheval, d'après la progression suivie à l'Ecole de cavalerie. 1 vol. in-32 avec planches. 1 fr.

Humbert (E.). — Guide de l'instructeur, comprenant un recueil d'observations sur l'ordonnance du 6 décembre 1829, avec un questionnaire. 1 vol. in-8e de L-272 pages avec figures. 4 fr.

Instructions sur le travail individuel dans la cavalerie, le tir du fusil et du pistolet. — Traité sur la ferrure. 1 vol. in-8 avec planches, cartonné toile. 2 fr. 50

Le même, format in-18, cartonné toile. 1 fr. 50

Instruction du 24 juin 1842 pour la voltige militaire, à l'usage des corps de troupes à cheval. In-18. 25 c.

Isabelle (Mme M.). — Dressage par le surfaix-cavalier des chevaux de cavalerie, d'attelage et de course en six et douze leçons. 1 vol. in-8 de 284 pages avec 8 planches. 10 fr.

Jacquemin. — Cours d'hippiatrique, à l'usage des officiers et des sous-officiers de cavalerie ; comprenant un précis anatomique du cheval, un résumé d'extérieur, une notice sur l'hygiène et des notions de thérapeutique vétérinaire ; 4e édition. Paris, 1850. 1 vol. in-32, avec 8 planches. 2 fr. 50

Laborde (E.), vétérinaire en premier au 12e régiment d'artillerie. — Abrégé d'hippologie, ou précis sur la connaissance du cheval et sur les moyens de le conserver en santé ; 2e édition corrigée et augmentée, avec 6 planches explicatives. 2 fr. 50

Paris. — Impr. de Cosse et J. Dumaine, rue Christine, 2.

www.ingramcontent.com/pod-product-compliance
Ingram Content Group UK Ltd.
Pitfield, Milton Keynes, MK11 3LW, UK
UKHW021059270726
13994UKWH00009B/1304